Yellow Van

3

laGalera

La familia Yellow Van

Max

Hola, soy Max. ¿Qué tal?
Me gusta la fruta y el pan con aceite y sal.
Viajo por todo el planeta,
con la Yellow Van, mi familia y sin maleta.

Mía

Cuido de mi hermana Mía,
que es tozuda, curiosa y en todas partes la lía.
Cada día está aprendiendo,
tanto le da que nieve, llueva o sople viento.

La madre

Mamá baila a todas horas.
Con ella cantas, ríes y algunos jueves lloras.
De mayor seré como ella,
inventaré juegos con cartones y una paella.

El padre

Mi padre es un manitas.
Lo tienes listo a tu lado cuando lo necesitas.
Arregla la vieja Yellow Van,
y le gusta más echarse azúcar y aceite al pan.

El hermano mayor

Y tengo otro hermano.
Siempre lo verás con un libro en la mano.
Tranquilo, está pasando el rato.
Más que hermano a mí me parece un gato.

Mis padres van a comprar un coche
y la vecina les vende una furgoneta.
Vaya personaje es la señora Julieta,
dice que vuela con escoba cada noche.

La furgo es vieja, el motor no chuta.
Dentro hay arañas y huele a sardina.
¡Subid, subid!, dice riendo la vecina.
¡Agarraos fuerte! ¡Os ponéis en ruta!

El cacharro se transforma y se eleva.
Un pájaro dice: ¿qué tal, hermanos?
No hemos cogido nada para comer.
¿Y qué? Es tan precioso el atardecer.

Y desde aquel día así es como vivimos:
cada noche viajamos cuando dormimos.
Después de desayunar vamos a explorar.
Venga, pasa página ya...

...y empieza a jugar.

Yellow Van

Max y Mía y los dragones

ROSER CALAFELL
VITA DICKINSON

laGalera

Me despierto de noche en un bosque encantado:
hay flores extrañas, una cascada y un lago precioso.
No parece un lugar seguro, quizás aparezca un oso.
Llevo calcetines rojos, que son para ir con cuidado.

La frase correcta:

-Un caballo corre más que una vaca.
-El hijo del caballo se llama potro.

Los objetos que no deberían estar:

- un escalador → En la página donde el dragón quema el campanario.
- un pañuelo pirata → Dentro de la Yellow, al lado de la ventana.
- un televisor → Lo lanza la gente del pueblo.
- una postal con un corazón → En la cocina de la Yellow.
- una lagartija con cabeza de conejo → En la escena del lago, sobre unas flores.
- un sapo con corona → Dentro del lago (en dos páginas).
- un radiador → Lo lanza la gente del pueblo.
- una tortuga con pico de pájaro → Cuando los dos hermanos escalan para encontrar a los dragones.

Primera edición: marzo del 2016

Diseño: Mariano Rolando
Maquetación: Endoradisseny
Edición: David Monserrat
Dirección editorial: Iolanda Batallé Prats

Casa Catedral
Josep Pla, 95 - 08019 Barcelona
www.lagaleraeditorial.com / lagalera@lagaleraeditorial.com
facebook.com/editoriallagalera twitter.com/editorialgalera

ISBN: 978-84-246-5768-0
Impreso en Tallers Gràfics Soler
Enric Morera, 15. 08950 Esplugues de Llobregat

Depósito legal: B-1.835-2016
Impreso en la UE

Somos Max y Mía y dentro de Yellow Van vivimos.
Cada noche viajamos cuando dormimos.
Después de desayunar vamos a explorar.
Venga, pasa página ya y empieza a jugar.

ISBN 978-84-246-5768-0
9 788424 657680

laGalera

Mamá nos saca de la cama bailando un twist,
papá dice que ha soñado que cosía con esquís.
Mía encuentra en la nevera un balón de fútbol
y decide que aprenderá a chutar y marcar gol.

Fuera descubrimos fauna que no es normal.
¿Han venido extraterrestres o es Carnaval?
Son seres mitológicos, animales imaginarios,
al ser inventados no salen en los telediarios.

Escuchamos una tos y vemos una gran llamarada.
¿Quién tiene un catarro y la garganta inflamada?
Escalamos por una roca que hace mucha pendiente
y vemos tres dragones, cada uno de un continente.

El dragón europeo escupe fuego y tiene alas.
El americano tiene plumas y es una serpiente.
El oriental tiene fama de sabio y benevolente,
se encarga de traer lluvia y nunca va de malas.

Subíos, os llevaré volando a echar un vistazo
que pasarse el día sin hacer nada es un peñazo.
¿Tu hermana pequeña siempre va con la pelota?
Me gusta que quiera aprender, es muy cabezota.

En el valle hay un pueblo protegido por muralla.
Nos atacan lanzando ladrillos, sillas y quincalla.
La gente tiene miedo de que la bestia se los coma
y el dragón les quema la torre haciendo broma.

Abren la puerta y sale una princesa mosqueada.
Te zampas los rebaños y ya no nos queda nada.
Cómeme a mí, pesado, cómeme, así engordarás,
pero promete que no te volveremos a ver jamás.

En casa los padres echan una partida de ajedrez
mientras mi hermano lee 'El Señor de los Anillos'.
Mira la mariposa, pintada con azules y amarillos.
Tan preciosa es que los encandila a los tres a la vez.

Una mariposa no es problema, mil ya es otro tema.
Hay insectos voladores en las paredes y por el suelo.
Intentan echarlos fuera con una sartén y un pañuelo.
Venga, salid de aquí, bichos. Id a vuestro ecosistema.

Una potente ventolera no deja ningún visitante.
Sí señor, una idea genial, un resultado perfecto.
El viento es una escoba que barre todo insecto.
Gracias, dragones. Tema resuelto en un instante.

Pasa un caballero que, galopando, reparte pizza.
Ve al dragón y le planta cara porque no tiene prisa.
Lucha para salvar a la princesa, ser héroe mola mazo.
La bestia le enseña los colmillos. ¡Uf, vaya pestazo!

PIZZA

VIVA
LA PIZZA

Mía, después de practicar mucho, logra un chut.
No es gol porque no hay portería, pero no está mal,
el balonazo pega en la delicada cabeza del animal.
Todos ríen y el dragón se cae. Menudo debut.

PIZZA

Hay hambre y para hacer las paces vamos juntos a cenar.
Si quieres un dragón de mascota lo tienes que alimentar.
Comemos pizza 'El caballero', famosa en el mundo entero.
Estamos felices y más apretados que en un hormiguero.

Hemos pasado el día en un lugar legendario.
Nos dicen adiós con su morro de dinosaurio.
La Yellow Van vuela y nos hace de cuna.
Viaja como el Sol, juega como la Luna.

ZZZzzz
ZZZzzz

Curiosidades

Los dragones son animales imaginarios. No existen. No encontraréis ninguno en un zoológico. Tampoco existieron y se extinguieron como los dinosaurios.

Las historias que hablan de dragones se llaman leyendas o mitos, y son cuentos muy antiguos que explican de manera mágica como funciona el mundo.

Los dragones son
bestias inventadas con
partes de animales reales. Tienen
garras de águila, piel con escamas
como las serpientes, dientes
de cocodrilo y alas de
murciélago.

En las leyendas los dragones suelen vigilar cuevas, o entradas a lugares importantes, o tesoros, o prisioneros.

Los dragones son muy feroces y algunos tienen más de una cabeza. Cuando luchan usan las garras, los dientes y escupen fuego.

En la tradición cultural occidental, el dragón es un animal temible. En cambio en Oriente es un animal sabio que se relaciona con la buena suerte.

Juegos

Encuentra las 8 diferencias.
¡Pide ayuda antes de mirar las soluciones que hay al final!

Solo una de las frases de cada personaje es cierta.
¡Adivínala!

La ilustradora ha dibujado unos objetos que no deberían estar en la prehistoria. A ver si eres capaz de encontrarlos. Suerte y paciencia.

-un escalador

-un pañuelo pirata

-un televisor

-una postal con un corazón

-una lagartija con cabeza de conejo

-un sapo con corona

-un radiador

-una tortuga con pico de pájaro

Soluciones